LISETTE LOMBÉ

BRENNEN BRENNEN BRENNEN

ASSOZIATION A

»Mein Schreiben ist wie Zahlen, die man aneinanderreiht, rhythmisch und voller Dringlichkeit. Mein Schreiben richtet sich an die Lebenden, meine Sprache an die letzten Ränge und ihre Wirklichkeit.«

« J'écris comme
les numéros qui
se succèdent, dans
le rythme et
l'urgence. J'écris
pour les vivants,
dans une langue
qui s'adresse aux
derniers rangs. »

C'EST LE TEMPS DU VIN BLANC

Attraper un crayon, un bic, un marqueur.
Tout fera l'affaire !
Sortir calepin, cahier, carnet.
Déchirer.
Bout de nappe.
Bout de carton.
Écrire. Jeter.
Bout de texte. Bout de phrase.
Beauté des patchworks.
Beauté des mosaïques.
Gribouillages frénétiques.
Peur de perdre les images.
Peur de perdre les échos.
Geste. Robot.
Ne pas perdre.
Ne pas. Ne pas.
Écrire. Écrire.
Putains de points, putains de virgules.
Faire sauter. Faire. Faire. Faire sauter.
Écrire, écrire.
Accumulation gloutonne.

zeit FÜR weisswein

Bleistift schnappen, Kuli, einen Marker.
Hauptsache was zum Schreiben.
Kladde raus, Schulheft, Schmierpapier.
Abreißen.
Ecke von Papiertischdecke.
Ecke von Pappkarton.
Schreiben. Wegschmeißen.
Stück Text. Stück Satz.
Schönheit des Flickwerks.
Schönheit des Mosaiks.
Hektisches Gekritzel.
Angst die Bilder zu verlieren.
Angst die Echos zu ignorieren.
Roboter. Geste.
Bloß nicht verlieren.
Bloß nicht. Bloß nicht.
Schreiben. Von mir aus Schmieren.
Scheißpunkte, Scheißkommas.
Raus damit. Raus. Raus. Raus damit.
Schreiben, schreiben.
Gieriges Eintreiben.

Matière. Matière.
Terreau.
– Ne jamais jeter de terreau à la poubelle –
Listes de synonymes, listes de contraires,
listes de mots qui riment, listes de termes en argot,
listes de mythes, listes de monstres,
liste des objets que l'on peut perdre dans
le fond
des océans,
traduction en différentes langues
de cette liste d'objets que l'on peut perdre
dans le fond
des océans,
listes des morts qui remontent à la surface
des mémoires
et qui demandent justice.
Noircir, noircir.
Vin blanc.
Ce n'est plus une histoire avec un début et
une fin.
Ce n'est pas encore un poème.

Material. Material.
Nährender Boden.
                    – Niemals Nährboden modern lassen –
Synonym-Listen, Gegensatz-Listen
Reimwörter-Listen, Slangwörter-Listen
Listen von Mythen, Listen von Monstern
Liste der Dinge, die man verlieren kann
    am Grund
des Ozeans
Übersetzung in unterschiedliche Sprachen
dieser Liste der Dinge, die man verlieren kann
    am Grund
des Ozeans
Listen von Toten, die aus dem Vergessen
    aufsteigen
und Gerechtigkeit verlangen.
Schwarz schwarz schwarze Zeilen.
Weißwein.
Das ist schon keine Geschichte mehr mit Anfang,
    mit Ende.
Das ist noch kein Gedicht.

Vin blanc.
Écrire, écrire.
Et quand ça grippe,
quand ça ralentit,
quand ça rementalise,
changer de support.
Papier kraft, papier calque.
Changer de format.
Changer la taille des lettres.
Changer, épaisseur des mines.
Changer, couleurs des encres.
Vin blanc.
Écrire, écrire.
Ratures, annotations, flèches.
Vin blanc.
Grande récolte.
Vin blanc.
Grande récolte de mots.

Weißwein.
Schreiben, schreiben.
Und wenn es abbricht
sich im Kreis dreht
nichts mehr geht
anderes Papier verwenden.
Packpapier, Pergamentpapier.
Anderes Format verwenden.
Größere Schrift verwenden.
Fettere Mine verwenden.
Farbe der Tinte ändern.
Weißwein.
Schreiben, schreiben.
Streichungen, Pfeile, Notizen an Rändern.
Weißwein.
Reiche Ernte.
Weißwein.
Reiche Ernte an Wörtern.

CYCLOPARADE

De là où je parle, de là où je suis, je sens.
Je n'ai pas besoin d'ouvrir les yeux, je n'ai
pas besoin de porter le front à l'horizon.
Sous mes paupières, je sens.

Je sens l'odeur tenace de la javel sur les paumes de
celles qui n'ont pu débarquer dans ce cortège,
aujourd'hui, qu'à condition d'avoir bien fait
blinquer la baraque et bien préparé le repas
de leur gaillard.
Je sens la goutte de transpiration qui roule sous
l'aisselle de celles qui ne possédaient pas de
vélo, et qui, comme on esquive un resto entre
amies lorsque l'on est fauchée, ont bien failli ne
pas oser se pointer sur cette place aujourd'hui.

CYCLOPARADE

Da, wo ich stehe, von wo aus ich spreche,
     nehm ich es wahr.
Brauch nicht die Augen aufzuschlagen,
     brauch nicht
die Stirn zum Horizont zu tragen.
Hinter geschlossenen Lidern nehm ich es wahr.

Nehm den zähen Geruch wahr von Putzmittel an
     den Händen derer, die bei dieser Demo erst
     auftauchten, als die Bude poliert war und das
     Essen für den Kerl serviert.
Nehm den Achselschweiß derer wahr, die kein
     Fahrrad zur Hand haben und die – so wie
     man mit Freundinnen lieber nicht essen geht,
     weil man abgebrannt ist – sich kaum trauten,
     heute hierher zu kommen auf diesen Platz.

Je sens l'épine du calcul de celles qui doivent se compter et se recompter pour pouvoir exister dans cette masse – basanées, voilées, handicapées, sans papiers, putes, toxs, trans, gouines – toutes celles dont on défend les droits sans jamais entendre le timbre de leur voix.
Je sens le jasmin du thé siroté par les boycotteuses, celles qui en ont eu ras le cul de sempiternellement devoir jouer aux invitées surprises et qui trinquent en coulisses du joli after movie.
Je sens des radicalités qui se frottent, s'affrontent et parfois, même, qui se décausent et se débectent autour d'une robe noire à paillettes.
Je sens la solitude des féministes fiancées, le célibat, les miettes de sexe, les miettes d'amour, le fossé, les ronces dans le fossé.

Nehm die schmerzhafte Rechnung derer wahr, die sich selbst zählen und zählen, da sie sonst in dieser Masse nicht zählen – die mit dunkler Haut, die Verschleierten, Behinderten, Illegalisierten, die Huren, Junkies, Trans, Lesben – all die, für deren Rechte man abstimmt, ohne dass man je ihre Stimme vernimmt.

Nehm den Duft des Jasmintees wahr, den diejenigen trinken, die keinen Bock mehr haben auf Überraschungsgast-Sein, die ihren Boykott erklären und sich zuprosten in den After-movie-Kulissen des schönen Scheins.

Nehm die Radikalitäten wahr, die sich reiben, sogar streiten, sich entleiden, vermeiden wegen eines schwarzes Paillettenkleids.

Nehm die Einsamkeit der verlobten Feministinnen wahr, das Zölibat, das Zu-wenig-Sex-Haben, Zu-wenig-Liebe-Haben, den Graben, die Dornen im Graben.

Je sens la fatigue des bénévoles et des travailleuses
pressées comme des citrons à peu de frais et
qui portent des slogans autour du cou comme
des Sisyphe ou des mulets. Celles qui rechargent
leurs batteries de sens aux dates symboliques
pour tenir le reste de l'année académique,
celles à une étincelle du cramage intégral
et à qui on peut déjà dire au revoir,
là, cette après-midi.
Je sens l'hôpital, l'hôpital qui se fout de la charité
et de la solidarité,
je sens le couloir d'hôpital, je sens l'éther dans
le couloir d'hôpital,
l'éther frotte avec frénésie sur la peau de
nos différences,
l'éther frotte pour anesthésier,
le temps d'une Cycloparade,
nos petites et nos profondes divergences.

Nehm die Erschöpfung der Ehrenamtlichen und
Arbeiterinnen wahr, die man auspresst wie
Zitronen, soll sich ja lohnen, und die wie
Maultiere sisyphosgleich Slogans tragen um
den Hals. Und da sind die, die ihre Batterien
an symbolischen Daten mit Sinn aufladen,
sonst kommen sie nicht durchs akademische
Jahr ohne Schaden, und die, die einen Funken
entfernt sind vom Total-ausgebrannt-Sein und
von denen man sich insgeheim schon verab-
schieden kann, gleich hier, heute Nachmittag,
um vier.
Nehm den Gestank von Krankenhaus wahr, wo
Rentabilität zählt und nicht Wohlergehen und
Solidarität,
nehm den Gestank von Krankenhausflur wahr,
den Ether-Gestank des Krankenhausflurs,
den Ether, der wie besessen reibt an der Haut
unserer Differenzen, sich einreibt
und für die Zeit einer Cycloparade
unsere kleinen und großen Divergenzen betäubt.

Tout ça, d'où je parle, d'où je suis, sous mes paupières, je le sens.
Mais si j'ouvrais les yeux, si je portais le front à l'horizon, je pourrais voir, devant moi, ce magnifique peuple de guerrières.
Et je ne m'excuserais pas du mot « guerrières » car c'est exactement ce que je verrais.
Des casques, des scaphandres, de la limaille, des cuirasses, des cuissardes, de la riposte en ordre de bataille, des sabres, des kamikazes, des commandos et des épaulettes en ferrailles précieuses.
Voilà ce que je verrais : un majestueux animal collectif !
Un gigantesque poisson aux écailles métalliques avec chaque écaille-femme, chaque écaille-fille, chaque écaille-mère armée à sa manière pour riposter contre la violence du système.

Das alles nehm ich wahr, hier, wo ich stehe, von
wo aus ich spreche, hinter geschlossenen
Lidern nehm ich es wahr.
Doch würde ich die Augen aufschlagen, würde
ich die Stirn zum Horizont tragen, ich sähe all
diese prächtigen Kriegerinnen aufragen.
Und ich würde mich nicht entschuldigen für das
Wort »Kriegerinnen«, denn genau das wäre,
was ich sehe.
Helme, Harnische, Overalls, Eisenspäne,
Overknees, Degen, Gegenwehr als Heer,
Kampfansage, Kamikaze, Krawall und Schul-
terbeläge aus Edelmetall.
Das wäre, was ich sehe vor mir:
ein majestätisches, kollektives Tier!
Ein riesiger Fisch mit metallenen Schuppen,
und jede Frau, jedes Mädchen, jede Mutter
wäre eine dieser Schuppen, jede auf ihre Art
bewaffnet, um zurückzuschlagen gegen das
System.

Et c'est le même système qui te demande d'être
violée sans faire de vagues, le même système
qui te demande de te serrer la ceinture sans
faire tout un ramdam autour de ta précarité,
le même système qui te demande de gerber, de
vieillir, de crever sans salir la moquette, le même
système qui te débaptise un tunnel Léopold II
par ci et rebaptise une place Lumumba par là
pour que tu fermes un peu ta gueule et c'est le
même système qui s'accommode parfaitement
des centres fermés, des jungles, des bidonvilles
sous le périph et des enfants qui grelottent dans
la boue et des hommes nus à ses frontières.
Alors, oui, d'accord, on écrit de beaux poèmes pour
les 8 mars mais so what ?
Oui, oui d'accord, on se casse !
Mais pour aller où ?

Das System, das sagt, stell dich nicht an, wenn du vergewaltigt wirst, mach kein Tamtam, wenn du keine Kohle hast, schnall den Gürtel enger, du sollst kotzen, altern, sollst verrecken und vor allem den Teppich nicht beflecken, das System, das hier einen Tunnel in Leopold II. umbenennt, dort einen Platz nach Lumumba benennt, nur damit du die Fresse hältst, das System, das kein Problem mit Auffanglagern hat, Zeltstädten, Slums unter der Autobahn oder mit Kindern, die frieren im Schlamm, und Männern, die nackt bis auf die Haut an seinen Grenzen stehen.
Okay, schreiben wir also schöne Gedichte zum 8. März, aber so what?
Ja, ja, schon gut, wir verpissen uns!
Aber wohin?

Die Cycloparade ist eine feministische (Fahrrad-) Demo in Lüttich

Qui oubliera ?

Qui oubliera ?
Qu'à un Noir, on disait tu...
Non certes, comme à un ami
mais parce que le vous, *honorable, était réservé*
aux seuls Blancs.
Qui oubliera ?

Ils m'ont dit
Tu es une bamboula ! Une grosse guenon !
Un cancrelat !
Ils m'ont dit
Tu es sale ! Sale bougnoule !
Ta mère a couché avec un Nègre !
Tu es une bâtarde !
Ils m'ont dit
Tu devrais retourner dans ton pays ! Dans ta brousse !
Dans ta hutte !
Tu devrais remonter dans ton arbre ! Ta liane !
Tes bananes !
Tu devrais remercier la Belgique de t'avoir
accueillie !

Wer soll das vergessen?

Wer soll das vergessen?
Dass man einen Schwarzen ansprach mit *du* …
Nicht wie einen Freund
sondern weil das ehrenwerte *Sie* nur für
Weiße akzeptierbar war.
Wer soll das vergessen?

Sie sagten
Bimbo! Fetter Affe! Kakerlake!
Sie sagten
Wasch dich mal! Dreckige Ausländerin!
Deine Mutter hat's mit nem Neger getrieben!
Du Bastard!
Sie sagten
Geh zurück in dein Land! In den Busch!
In deine Hütte!
Kletter zurück auf deinen Baum! Deine Lianen!
Deine Bananen!
Sei gefälligst dankbar, dass Belgien dich
aufgenommen hat!

Même si tu es née ici...
Qui oubliera ?
Qu'à un Noir, on disait tu...

Tu devras apprendre à passer ton chemin...
C'est déjà loué ! C'est déjà pourvu !
C'est déjà complet !
Tu devras apprendre à te justifier...

Je suis belge ! Je suis diplômée ! Je suis qualifiée !
Tu devras apprendre une autre histoire aussi...
Afrique ! Sauvages ! Sous-développé !
T'intégrer. T'assimiler.
T'encager. Te corseter.
Te faire douter. Te faire avoir peur.
Te faire avoir honte de ta couleur.
Te faire oublier tes frères et tes sœurs.
Toi, le petit oiseau exotique,
la Joséphine Baker,
Gazelle-tigresse, le cul, les fesses !

Obwohl du hier geboren wurdest ...
Wer soll das vergessen?
Dass man einen Schwarzen ansprach mit *du* ...

Wirst lernen müssen, dir deinen Weg zu bahnen ...
Schon vermietet! Soeben vergeben! Schon voll!
Wirst lernen müssen, dich zu rechtfertigen ...

Ich bin Belgierin! Bin diplomiert! Qualifiziert!
Wirst auch eine andere Geschichte lernen müssen ...
Afrika! Wilde! Unterentwickelt!
Dich integrieren. Dich assimilieren.
Dich einengen. Dich einzwängen.
Dich zum Zweifeln bringen. Dich zum
Angsthaben zwingen.
Sollst für deine Hautfarbe Scham empfinden.
Dich nicht mit deinen Brüdern und Schwestern
verbinden.
Du, der kleine exotische Vogel,
die Joséphine Baker
Tigerin-Gazelle, Hinterteil, geil!

Qui oubliera ?
Qu'à un Noir, on disait tu…
Qu'à un Arabe, on disait tu…
Qu'à une Rom, on disait tu…
Qu'à toi, mon père, on disait tu…
Non certes, comme à un ami
mais parce que le vous, *honorable,*
était réservé aux seuls Blancs.

Qui oubliera ?

Wer soll das vergessen?
Dass man einen Schwarzen ansprach mit *du* ...
Dass man einen Araber ansprach mit *du* ...
Dass man einen Rom ansprach mit *du* ...
Dass man dich, Vater, ansprach mit *du* ...
Nicht wie einen Freund
sondern weil das ehrenwerte *Sie*
nur für Weiße akzeptierbar war.

Wer soll das vergessen?

»Wer soll das vergessen« wurde durch die Rede von Patrice Lumumba inspiriert, die er anlässlich der erreichten Unabhängigkeit des Kongo am 30. Juni 1960 hielt.

Wir haben uns entschieden, N hier auszuschreiben, um, der französischen Fassung entsprechend, den rassistischen Charakter der Beleidigung deutlich zu machen (A.d.Ü. und des Verlags).*

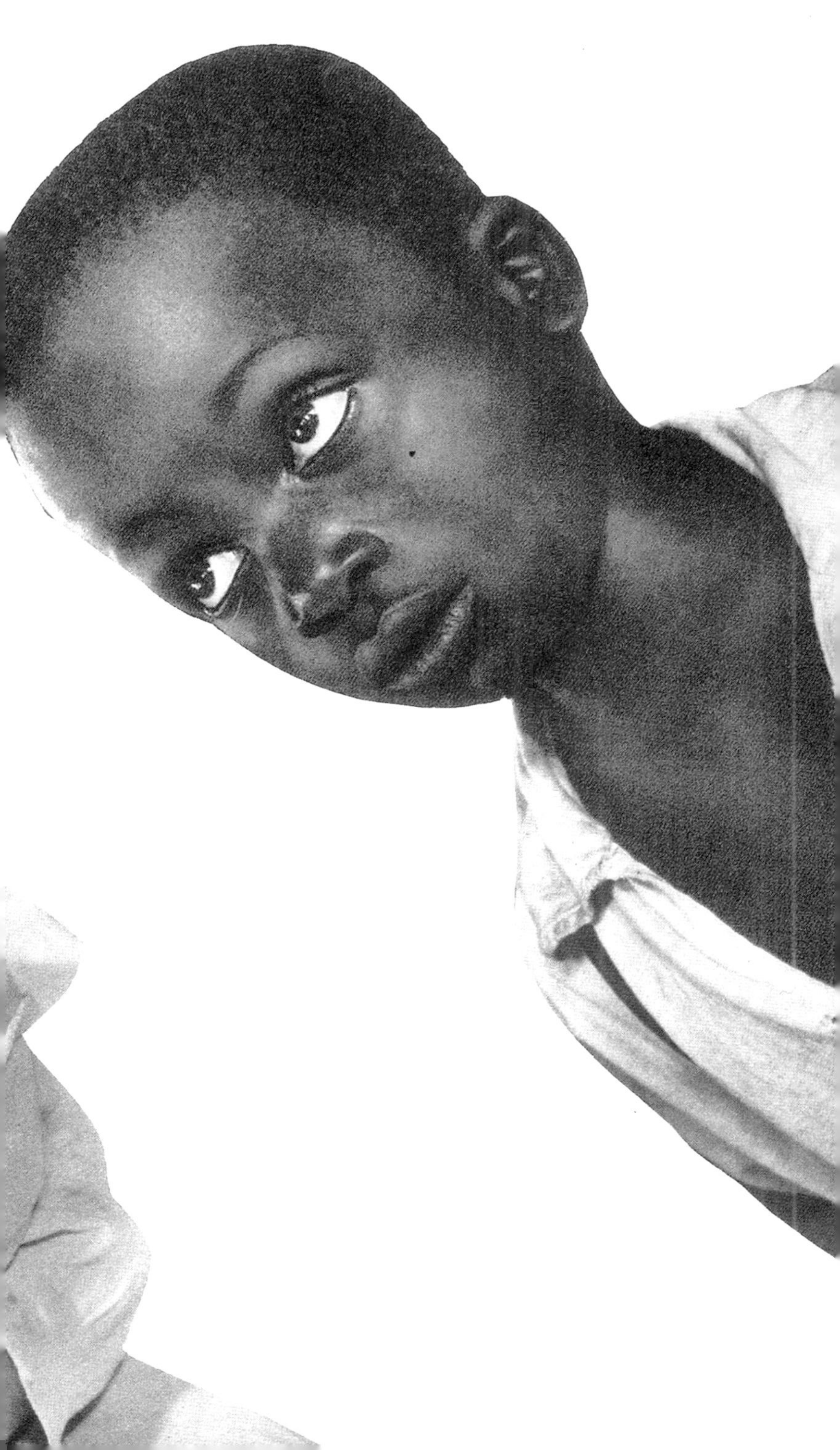

si

Enfant, j'ai demandé à mon père :
Si tu étais au bord d'un précipice
et que tu devais sauver quelqu'un,
qui choisirais-tu ?
Maman ou moi ?
Il m'a répondu :
Toi.
J'ai pleuré
et j'ai prié
pour mourir
à la place de ma mère.

was wenn

Als Kind hab ich meinen Vater gefragt:
Was wenn du am Rand eines Abgrunds
stehen würdest
und jemanden retten müsstest
wen würdest du wählen?
Mama oder mich?
Und er hat geantwortet:
Dich.
Ich hab geweint
ich hab gebetet
ich wollte sterben
anstelle meiner Mutter.

L'instant d'avant, elle m'appartient.
Elle n'est ni poète, ni poétesse.
Elle est juste ma mère.
Cette mère contorsionniste qui court, qui s'inquiète et qui torche son fils infirme au rythme de ses digestions.
Inspiration, expiration, applaudissements, claque sur la cuisse, douche de lumière.
Lumière.
Elle monte sur scène et tout disparaît.
Elle oublie l'annonce, la violence de l'annonce.
Elle oublie la feuille chiffonnée et le deuil du garçon robuste dès le ventre.

Noch kurz davor gehört sie mir.
Sie ist kein Dichter, keine Dichterin.
Ist einfach meine Mutter.
Meine Mutter, die sich verrenkt, die rennt, die ständig ans Schlimmste denkt und ihrem behinderten Sohn den Hintern abwischt im Takt seiner Verdauung.
Atmet ein, atmet aus, Applaus, kurzer Schlag auf den Schenkel, Dusche aus Licht.
Licht.
Sie betritt die Bühne und alles ist verschwunden.
Sie vergisst, was man ihr sagte, und wie brutal es war.
Sie vergisst den zerknitterten Befund und die Trauer auch
um den Jungen, der schon kräftig war im Bauch.

« Si vous le gardez Madame,
il faut que vous sachiez Madame,
qu'il ne marchera jamais Madame ! »

Elle oublie.
Tout disparaît.
Comme un père d'enfant infirme disparaît.
Douche de lumière.
Lumière.
Elle ne voit pas le courage qui s'écoule, discrètement, soir après soir, de son ventre.

»Natürlich können Sie ihn behalten,
aber Sie müssen sich klar darüber sein,
er wird niemals laufen!«

Sie vergisst.
Alles verschwindet.
Verschwindet wie der Vater eines
behinderten Kindes.
Dusche aus Licht.
Licht.
Den Mut, der Abend für Abend unauffällig aus
ihrem Bauch rinnt, den sieht sie nicht.

MON FILS EST GAY

Mon fils est gay.
Ce matin, il portait une raie de côté, un pull cintré,
un jeans serré.
Coquet, guindé, endimanché.
Imaginez sa toute dernière nouveauté,
après le tatoo, le piercing dans le nez :
une cravate pailletée.

Mon fils est gai.
Il aime les posters de pompiers, les sauces sucrées
salées, son moniteur d'athlé.
La vie. La poésie.
De celle qui fait vibrer, de celle qui fait trembler nos
arrière-cours d'humanité.
Et notre routine désyntaxée en une danse opiacée.
Et le Grevisse contorsionné en petits avions
de papier.
La vie. La poésie.

Mein Sohn ist queer

Mein Sohn ist queer.
Trug heute Morgen einen Seitenscheitel,
enge Jeans, tailliertes Jackett.
Kokett, etwas steif, so fein gemacht.
Stellen Sie sich vor, nach dem Nasenpiercing,
dem Tattoo noch dazu:
eine Pailletten-Krawatte, seine neuste Pracht!

Mein Sohn liebt kreuz und quer.
Mag Poster von der Feuerwehr, süßsalzige Soßen,
seinen Sportlehrer sehr.
Das Leben. Poesie.
Poesie, die uns beschwingt und unsere
Menschheits-Hinterhöfe zum Erbeben bringt.
Und unsere Routine ohne Syntax wird zum Tanz,
zur Choreographie.
Und das Wörterbuch zu Fliegern aus Papier.
Das Leben. Poesie.

Mon fils est gay.
Il a appris que, dès le collège et au lycée,
les meneurs d'ombres, les suiveurs nombres adorent traquer le petit gibier.
Les roux qui puent, les pauvres qui schlinguent, les grosses qui suintent et les baltringues.
Les fiottes sucées, les folles tentées, les p'tits pédés coquets, guindés, endimanchés.
C'est le swing des charniers !
Être tabassé, être humilié, être harcelé, sans se confier !
Jamais, jamais, jamais, jamais !
Être tabassé, être humilié, être harcelé, sans balancer
Jamais, jamais, jamais, jamais !

Mein Sohn ist queer.
Er hat im Klassenzimmer, auf dem Schulhof
längst erfahren
dass Schattenführer und ihre Anhänger gerne
Kleinwild jagen.
Die Rothaarigen, die stinken, die Armen, die
sinken, die Dicken, die schwitzen und die, die
mit ihrer Angst dasitzen.
Die süßen Brüder, tollen Tunten, die kleinen
Schwuchteln, kokett, etwas steif, so fein
gemacht.
Das ist das Massengrab-Ballett!
Verdroschen werden, erniedrigt, gequält, und sich
niemals anvertrauen!
Nie, nie, nie, nie!
Verdroschen werden, erniedrigt, gequält, und
nicht als Petze gelten wollen!
Nie, nie, nie, nie!

Mon fils est gay.
Et ce matin, exténué,
malgré, malgré, malgré, malgré,
il n'a plus pu y retourner.
Et ce matin, dans le grenier,
perdu, pendu,
Mon fils portait une raie de côté, une veste cintrée,
    un jeans serré.
Coquet, guindé, endimanché.
Imaginez sa toute dernière nouveauté, après le tatoo,
    le piercing dans le nez,
comme une ultime volonté :
une cravate pailletée.
Une cravate pailletée qui je crois bien
    m'appartenait.
Une cravate pailletée très bien nouée, trop bien serrée,
autour du cou, entortillée.
Une cravate pailletée,
de celle qui fait vibrer,
de celle qui fait trembler
nos arrière-cours d'humanité.

Mein Sohn ist queer.
Ging heute Morgen in die Knie
trotz allem Trotz
war Schule nicht mehr drin.
Und heute Morgen unterm Dach
bedrängt, erhängt
trug mein Sohn Seitenscheitel, enge Jeans,
    tailliertes Jackett.
Kokett, etwas steif, so fein gemacht.
Stellen Sie sich vor, nach dem Nasenpiercing,
    dem Tattoo noch dazu:
eine Pailletten-Krawatte, wie ein letzter Beweis.
Eine Pailletten-Krawatte, gehörte mir,
    soweit ich weiß.
Eine Pailletten-Krawatte so säuberlich gebunden,
    zu straff gewunden
um den Hals, verdreht.
Eine Pailletten-Krawatte
eine, die uns beschwingt
und unsere Menschheits-Hinterhöfe
zum Erbeben bringt.

La Famille

On raconte que, là-bas,
les poètes se cognent les uns aux autres,
comme une brique sur le crâne d'un ennemi.
On raconte que, là-bas,
le sol est jonché de milliers et de milliers de feuilles
blanches et que chacune de ces milliers de feuilles
blanches a appartenu à une personne abandonnée
par les mots.
C'est un no man's land,
un terrain vague,
un gisement mort entre les strophes.
Tous nous connaissons ce lieu.
Tous nous connaissons cette peur de ne plus être
à la hauteur du texte précédent.
Tous nous redoutons cet appel de la synchronicité
qui ne se chorégraphiera en rien.

Familienquartett

Man erzählt, dass dort
die Dichter aufeinanderprallen
wie Steine an den Kopf des Feindes knallen.
Man erzählt, dass dort
der Boden übersät ist mit abertausend leeren
Blättern Papier
und dass jedes dieser abertausend leeren
Blätter Papier
einem Menschen gehört hat, den die Worte
verließen.
No-man's-Land
Brache
wenn keine Wörter mehr zwischen den Strophen
sprießen.
Alle kennen wir diesen Ort.
Alle kennen wir diese Angst, nicht auf der Höhe
des Textes davor zu sein.
Alle fürchten wir insgeheim, den Zeichen
nicht folgen zu können mit Worten.

Alors nous nous répétons,
mantra, mantra,
cela ne peut pas ne pas avoir de sens
cela ne peut pas ne pas être un signe,
cela ne se peut.
Et les jours passent.
On s'échine, on s'obstine.
Pas une ligne, pas une rime.
Feuille blanche.
Apnée, souffle court, apnée, feuille blanche.
Je dois écrire, je peux écrire, je veux écrire,
    je peux le faire.
Et les jours passent.
On s'aigrit, on s'agrippe à la fausse perle,
    la fausse pépite,
la pâle copie,
déjà-vu, déjà-lu, déjà-dit
prêt-à-porter, prêt-à-rapper, prêt-à-slamer,
Et puis, soudain…

Also sagen wir uns immer wieder
Mantra, Mantra
das kann doch nicht keinen Sinn haben
das kann doch nicht nichts bedeuten
das kann nicht sein.
Und die Tage vergehen.
Man legt sich ins Zeug, hartnäckig stur.
Kein Reim fällt ein, von einer Zeile keine Spur.
Leeres Blatt Papier.
Atemstillstand, nach Luft schnappen,
    Atemstillstand, leeres Blatt Papier.
Ich muss schreiben, ich kann schreiben, ich will
    schreiben, ich kann das jetzt und hier.
Und die Tage vergehen.
Man klammert sich ans falsche Juwel, nichts geht
    auf Befehl,
alles bleiche Kopie, schon mal gesehen, gelesen,
    gesagt irgendwie
Konfektionskleidung, Konfektionsrap,
    Konfektionsslam ...
Und dann, plötzlich ...

Ceux qui reviennent de là-bas parle d'alignement
foudroyant ou de renaissance brutale.
Soudain, ton poème est là.
Devant toi.
Tapis rouge qui se déroule.
Comme écrit, comme sorti, comme jailli
d'une autre que toi.
Certes, ton poème est encore à ciseler,
Certes, ton poème est encore à apprivoiser
mais il est là, devant toi, coup de poing immobile,
au milieu des milliers et des milliers de feuilles
blanches
qui se mettent à tourner, à tourner et à tourner
autour de lui.
C'est une invitation à t'agenouiller.
C'est une invitation à enfin entendre ce que
ton ventre, ce que ton bide, ce que tes
tripes ont à te dire...

Wer von dort zurückkehrt, berichtet
von blitzartiger Wortanordnung,
von brachialer Wiedergeburt.
Auf einmal ist es da, dein Gedicht.
Vor dir.
Roter Teppich, der sich entrollt.
Wie gewollt, geschrieben, zur Welt gebracht
    von einer anderen als dir.
Klar braucht dein Gedicht noch Feinschliff
Klar fehlt dem Gedicht der letzte Pfiff
aber es ist da, vor dir, Faustschlag in der Schwebe
und die abertausend leeren Blätter Papier
wirbeln, wirbeln, wirbeln immer schneller
    ums Gedicht.
Und jetzt knie nieder.
Und jetzt hör endlich auf dein Innerstes, deine
    Intuition, dein Bauchgefühl ...

Alors tu demandes à haute voix à cet autre que toi :
« Mais qui sont tous ces mecs ?
Qui sont tous ces mecs qui se pressent
dans mon nouveau texte ?
Qui sont tous ces hommes ? »
Il en sort de partout. Ça grouille, ça bavouille.
Il en sort de partout, ça se bouscule à chaque
paragraphe.
Hashtag Me Too. Hashtag Balance ton porc.
Hashtag Hashtag.
Il en sort de partout.
Il y a les gros lourds des transports en commun,
les frotti-frotteurs, les « Hé, Mad'moiselle ! »,
les plaquants, les planqués,
les loseurs, les chasseurs,
les pas vus, les pas pris.

Et il y a l'oncle pansu, le babysit psychotique,
qui te course torse nu avec une fourche à la main.
Version trash de cache-cache. Si je t'attrape,
je t'empale.

Also fragst du diese andere:
»Wer sind diese Typen?
Wer sind diese Typen, die reindrängen
in meinen neuen Text?
Wer sind diese Männer?«
Sie kriechen aus allen Ecken. Es zappelt,
es sabbert.
Sie kriechen aus allen Ecken, an jedem Absatz
großes Gewühl.
Hashtag MeToo, Hashtag VerpfeifDeinSchwein
Hashtag Hashtag.
Sie kriechen aus allen Ecken.
Da sind die krass Plumpen in der Bahn,
die Ich-reib-mich-an-dir, die »hey Madam!«
die Sitzenlasser und die Alles-Verpasser
die Sitzenbleiber, die Vor-sich-her-Treiber,
die Übersehenen, die Niegeschehenen.

Und dann der Onkel mit Wampe,
der voll-auf-Psycho Babysitter
der dich halbnackt jagt mit einer Forke in der
Hand durchs Haus
Trash-Version von Katz-und-Maus. Wenn ich dich
kriege, spieß ich dich auf.

Et le coach de basket qui te coince dans le vestiaire.
Je te tiens tu me tiens par la barbichette
et qui gagne ta culotte et qui gagne ta chaussette,
du matos de première pour s'astiquer en cachette.

C'est la famille !
La grande famille !
La famille sans frontières,
au-dessus des lois, au-dessus de toi,
au-dessus des droits.
Alors tu demandes combien ?
Tu demandes combien de femmes dans cette
famille ?
Tu demandes combien de mères,
combien de vagins empuantis ?
Tu demandes combien de tantines, combien de
cousines pour un seul de ces mecs resté impuni ?

Und der Basketball-Trainer, der dich in der
Umkleide in die Enge treibt
wer zuerst lacht, hat verloren
und deinen Schlüpfer gewinnt, dein Söckchen
erstklassiger Stoff, an dem er sich reibt.

Alles eine Familie!
Großes Familienquartett!
Familie ohne Grenzen
steht über den Gesetzen, über dir,
über dem Recht.
Also, wie viele brauchst du?
Wie viele Frauen aus diesem Familienquartett?
Wie viele Mütter, wie viele verpestete Vaginas?
Wie viele Tanten, wie viele Cousinen für einen
einzigen davongekommen Macker?

Pour chaque Weinstein, pour chaque Epstein du
dimanche, chaque pseudo DSK, pseudo Woody,
pseudo Cosby, pseudo R. Kelly, pseudo Koffi,
pseudo Polanski,
tu demandes combien ?
Combien de sœurs sous les sourires,
sous les silences, sous les convenances ?
Combien de déglinguées, de zombies,
de dézinguées, de pommes pourries,
de cramées, de barges,
fêlées, fanées, foutues,
combien de ventres morts, de fantômes,
de fautives, de fin de fille, de fin de vie ?
Combien ?
Dites-moi combien !

Für jeden Weinstein, jeden dahergelaufenen
Epstein, jeden Möchtegern-DSK, Möchtegern-
Cosby, Möchtegern-R. Kelly, Möchtegern-Koffi,
Möchtegern-Polanski
wie viele sollen es sein?
Wie viele Schwestern hinter dem falschen
Lächeln, dem Schweigen, dem schönen Schein?
Wie viele Kaputte, Kaltgemachte,
wie viele Zombies, saure Äpfel
verbrannt, verrannt
verletzt, verwelkt, verloren
wie viele tote Bäuche, Sich-schuldig-Fühlende,
Gespenster, Mädchen-am-Ende, Sprünge aus
dem Fenster?
Wie viele?
Sagt mir, wie viele!

PETIT PERSONNEL

Ils disent qu'un jour le monde s'arrêtera de courir
aussi brutalement que vous vous êtes effondrés.
Ils disent qu'ils vous comprennent, que vous n'avez
plus besoin de faire semblant.

Ils connaissent les boîtes qui se déguisent en famille
parce qu'il est plus pratique de laver son linge
sale en famille que dans une boîte.

Ils connaissent la loyauté du petit personnel
envers les maîtres de maison.

Ils connaissent les haltes entre les lignes,
les pauses entre les pages,
les plages dans les histoires de neige et de carnage.

KLEINE ANGESTELLTE

Sie sagen, genauso plötzlich, wie ihr kleinen
Angestellten zusammenklappt, wird die Welt
in ihrem Schnelllauf eines Tages gestoppt.
Sie sagen, sie verstehen euch, und ihr müsst nicht
mehr ständig so tun als ob.

Sie kennen die Unternehmen, die einen auf
Familie machen, auf Wir-haben-uns-alle-lieb
und Wir-waschen-unsere-Schmutzwäsche
nicht im Betrieb.

Sie kennen sich aus mit der Loyalität,
die kleine Angestellte beweisen für
die Herren im Haus.

Sie kennen sich mit den Schneisen zwischen den
Zeilen aus
den Pausen zwischen den Seiten
den Leerstellen in den Geschichten von LSD
und Schnee.

Ils connaissent les trous, les tranchées
dans les curriculum vitae,
les papelards tendus devant les visages creusés,
les tentatives de découper le ciel en morceaux neufs,
les ruses pour habiller le train-train, les mehins[1]*,*
le cahin-caha,
de cuir et de satin.
Ils connaissent les cadastres informels,
les champs de coton urbains,
la combustion des corps dans les champs de coton urbains
et le défilé ininterrompu des civières invisibles
et le début, pour qui s'écroule, gueule en terre,
des justifications, des justificatifs, de la paperasserie,
du charabia administratif et de la balle crevée
qui ricoche entre les services.
Ils connaissent les réponses à assener pour vous
protéger.

1 Mehin : mot wallon désignant une contrariété, un souci du quotidien. *(Note de l'éditeur)*

Sie kennen die Gräben, die Lücken im Lebenslauf
die Wische, mit denen man müden Gesichtern
droht
die Versuche, den Himmel in neue Parzellen zu
teilen
und Tretmühlen und alltägliche Not
mit ein paar Tricks in Satin und Leder zu kleiden.

Sie kennen die inoffiziellen Kataster
und wissen genau, es gibt unterm Pflaster
Baumwollfelder wo Körper verheizt werden ohne
Feuermelder
sie kennen den unendlichen Zug unsichtbarer
Bahren
und wissen, dass wenn man zusammenbricht
und auf die Fresse fällt, ein Berg Papierkram
anfällt, Behördenkauderwelsch einfällt und
man wie ein kaputter Ball auf den Boden fällt
zwischen Abteilungsbüros.
Sie kennen schlagkräftige Antworten, sie sagen,
sie schützen euch bloß.

Aussi longtemps que
votre peau donnera
au plus insignifiant des tocards
le droit de vous balancer une injure à la gueule
quand bon lui chante !
Aussi longtemps que
vous habiterez un corps
que l'on peut siffler dans la rue
comme un vieux clébard !
Aussi longtemps que
des camarades termineront leurs mois,
termineront leurs jours,
en caviar
pour les cochons.

Ils répètent qu'un jour le monde s'arrêtera de courir
aussi brutalement que vous vous êtes effondrés.

Ils répètent qu'un jour on aura à nouveau
besoin de vous.
Pour faire du bruit.
Pour que les regards restent complexes.

Solange
eure Haut dem letzten
Trottel das Recht gibt
euch eine Beleidigung in die Fresse zu schleudern
ohne Grund!
Solange
ihr einen Körper bewohnt
dem man auf der Straße nachpfeift
wie einem lausigen Hund!
Solange
eure Kumpels ihre Monatsenden
ihren Feierabend beenden
als Kaviar
für Schweine

sagen sie es immer wieder: Genauso plötzlich, wie
ihr zusammenklappt, wird die Welt in ihrem
Schnelllauf eines Tages gestoppt.

Sagen es immer wieder: Eines Tages werdet ihr
doch noch gebraucht.
Um Lärm zu machen.
Um Vielfalt zu entfachen.

Pour que les mômes de demain grandissent
en un seul morceau,
ne se pendent plus,
ne se flinguent plus,
de tristesse ou de honte.

Ils parlent de silence, de spasmes,
de derniers soubresauts.
Ils parlent d'ombres, de fantômes,
de déposer draps et masques.
Ils parlent du retour de l'été.
De savates d'or et de poussière noble.

Damit die Kids von Morgen Grund haben zu
    lachen
sich nicht mehr erhängen
sich nicht mehr erschießen
aus Traurigkeit, Scham.

Sie reden von Stille, von Krämpfen,
    von letzten Zuckungen.
Sie reden von Schatten, Gespenstern, davon, die
    Laken nieder- und die Masken abzulegen.
Sie reden von Wir-gehen-dem-Sommer-entgegen
Von goldenen Galoschen und kostbarem Staub.

Asma

Asma…
Rappeuse braise aux rimes panthères
armée d'un feu qui ne guerroie
qu'aucune noirceur ne désespère
et que n'épuisent nos désarrois.

C'était un 14 mars.
Je lui ai dit : J'ai honte de toi. À compter de ce jour, tu n'es plus ma fille. Tu n'existes plus pour moi.
Je lui ai dit ça comme on tranche dans la gangrène,
avec l'œil dur et le geste inhésitant de ceux qui sont intimement persuadés qu'une vie amputée de sa sève vaut toujours mieux que n'importe quel néant.
J'ai attendu les cris, j'ai attendu le coup de poing sur la table.
Mais elle n'a rien dit. Strictement rien dit.
C'était un 14 mars.
Le lendemain ma fille a pris un avion pour la Turquie, en compagnie d'un garçon prénommé Anouar.

Asma

Asma ...
glühende Rapperin mit ihren Pantherreimen
mit Feuer, in dem keine Kriege keimen
lässt sich von Dunkelheit nicht aus der Fassung
bringen
von unserer Hoffnungslosigkeit nicht niederringen.

Es war am 14. März.
Ich hab gesagt: Ich schäme mich für dich. Von
nun an bist du nicht mehr meine Tochter.
Du existierst nicht mehr für mich.
Ich hab's gesagt, wie man in eine Eiterbeule sticht,
mit hartem Blick und ohne Zögern, wie jemand,
der sich sicher ist, ein Leben ohne Saft ist
besser als ein unbestimmtes Nichts.
Ich dachte, sie brüllt los, haut auf den Tisch.
Doch sie hat nichts gesagt. Hat einfach nur
geschwiegen.
Es war am 14. März.
Am nächsten Tag flog sie in die Türkei,
dabei ein Junge namens Anouar.

Le corps de ce garçon vient d'être retrouvé
à cinq kilomètres au nord de Raqqa, en Syrie.
Pas celui de ma fille.
Aucune trace de ma fille, aucune trace du
corps de ma fille.

Est-ce que vous vous êtes déjà demandé ce
qu'il advient d'une adolescente idéaliste
entourée de montagnes, de bourgades
en ruine et d'hommes,
aiguisés au combat ?

Asma...
Il aura donc fallu cet insensé périple pour que
j'entende enfin sa voix !
J'ai lu tous ses textes. À rebours, ses poèmes ; à
rebours ses chansons, à rebours ses brouillons.
J'ai lu tous ses textes.
J'ai lu que j'étais un mouton camisolé tournoyant
dans ses quatre mètres carrés de cuisine jusqu'à
l'anesthésie de sa sous-citoyenneté.

Der Körper dieses Jungen ist jetzt aufgetaucht,
in Syrien, fünf km nördlich von Raqqa.
Der meiner Tochter nicht.
Von meiner Tochter keine Spur, von ihrem
Körper keine Spur.

Was wird aus einer Jugendlichen voller Ideale
zwischen Bergen, Dorfruinen,
kampferprobten Männern,
haben Sie darüber schon mal nachgedacht?

Asma ...
Es brauchte diese Irrfahrt durch die Nacht,
damit ich endlich ihre Stimme höre.
Lese jetzt erst ihre Texte. Jetzt erst die Gedichte,
jetzt erst ihre Lieder, ihre Zettel. Lese alle
ihre Texte.
Lese, dass ich ein Schaf bin, das sich auf vier
Quadratmetern Küche im Kreis dreht, stumpf
untergeht in seinem Unterbürger-Sein.

J'ai lu que le déshonneur c'était d'élever ses enfants
dans la peur de la lumière.
Que le déshonneur c'était de briser des jeunes
ayant fait le choix du grand renversement
de la quotidienneté.

J'ai lu que le déshonneur c'était moi,
maman d'Asma...
Rappeuse braise aux rimes panthères
armée d'un feu qui ne guerroie
qu'aucune noirceur ne désespère
et que n'épuisent nos désarrois.

Je voudrais que ma fille me revienne
même radicalisée jusqu'à la moëlle
même fichée, même déchue de tous ses droits.

Lese, dass Schande heißt, seine Kinder zu
erziehen in der Angst vor Licht.
Dass Schande heißt, die Lust zum Anders-Ticken
bei jungen Menschen zu ersticken.

Lese, dass ich die Schande bin, ich,
Asmas Mutter...
Asma, glühende Rapperin mit ihren
Pantherreimen
mit Feuer, in dem keine Kriege keimen
lässt sich von Dunkelheit nicht aus der
Fassung bringen
von unserer Hoffnungslosigkeit nicht
niederringen.

Ich will so gern, dass meine Tochter
wiederkommt
von mir aus radikalisiert bis auf die Knochen
von mir aus vorbestraft, von mir aus ohne Rechte.

Je voudrais que ma fille me revienne
même transhumante, Réfugiée parmi les réfugiés
parquée comme un animal à la semelle de l'Europe
trempotant dans le sang des premières règles,
des premières fois
des fausses couches et des vrais coups.
Qu'elle me revienne
même abîmée, même suintante.
Qu'elle me revienne
même nue, même rampante.
La serrer tout contre moi
même dans un sac, même dans une boîte.
Qu'elle sache qu'elle avait raison
Pour l'inépuisable beauté du monde
Pour l'humanité qui ne renonce en personne
Pour l'amour, pour la révolte
Pour la magie et pour l'exil.
La serrer tout contre moi
même dans un sac, même dans une boîte.
Et lui demander, lui murmuer, lui chuchoter
Pardon.

Ich will so gern, dass meine Tochter wiederkommt
von mir aus als Vertriebene, als Flüchtende
zwischen Geflüchteten
und tiergleich eingepfercht am Rand Europas
blutig von ihrer ersten Regel, ihrem ersten Mal
von Fehlgeburten und gezielten Schlägen.
Will, dass sie wiederkommt
von mir aus zerschunden, von mir aus
schweißgebadet.
Will, dass sie wiederkommt
von mir aus nackt, auf allen Vieren.
Sie an mich drücken
von mir aus im Sarg, von mir aus in einem Sack.
Sie soll wissen, sie hatte Recht
mit der unerschöpflichen Schönheit der Welt
mit der Menschheit, die niemanden restlos
fallen lässt
mit der Liebe, mit der Revolte
mit der Magie und mit dem Exil.
Sie an mich drücken
von mir aus im Sarg, von mir aus in einem Sack.
Und bitten, flüstern, murmeln:
Verzeih.

On ne quitte pas une femme qui s'habille en rouge

Agrippée à son jerrycan de vinasse, elle tourne sur elle-même. Yeux fermés pour ne pas voir les autres, agrippées, elles aussi, à leur jerrycan de vinasse. Jeunes femmes, boutons roses, petites connes capables de s'enfiler des litres et des litres de gnôle, de se tamponner la tronche, se perdre, perdre logique, perdre pudeur, perdre culotte, contrôle, toute réserve, toute, sans que lapaupière ne s'affaisse, sans que l'œil ne se vide, sans que la chair ne glisse dans les vomis de l'aube.

Elle tourne sur elle-même, robe rouge. Elle attend le renversement de perspectives, l'à-rebours impossible, le revenir sur ses pas. Fermer les yeux. Fermer le monde. Fermer tout ce qui peut être fermé. Portes. Fenêtres. Cœurs à prendre. Ta gueule. Barricade des sexes. Oublier la dernière rotation, la rotation de trop, rotation de la pauvre carcasse qui capitule sous le capuchon amidonné de la fin de course, de la

Man verlässt keine rotgekleidete Frau

An ihren Fusel geklammert, dreht sie sich um sich selbst. Augen geschlossen, will die andern nicht sehn, die sich genau wie sie drehn, sich klammern an ihren Fusel. Junge Frauen, rosa Knöpfe, kleine Schwachköpfe, die sich literweise Schnaps reinziehn, sich flachlegen, sich verlieren, den Verstand verlieren, die Scham verlieren, die Unterhose, die Kontrolle, jegliche Zurückhaltung verlieren, und die Lider werden nicht mal schwer, der Blick nicht leer, und ihr Fleisch rutscht nicht aus in der Kotze des frühen Morgens.

Sie dreht sich um sich selbst, rotes Kleid. Wartet auf den Wechsel der Perspektive, das Anders-als-bisher, die unmögliche Umkehr. Die Augen schließen. Die Welt verschließen. Alles Schließbare abschließen. Türen. Fenster. Einnehmbare Herzen. Halt die Schnauze. Kampf der Geschlechter. Die letzte Drehung vergessen, die Drehung zu viel, Krampf, armes

boucle est bouclée, de la der des der,
la rotation de trop, préménopause,
carambolage, cul-de-sac.

Robe rouge, elle est paquet de questions.
Paquet.
Que deviennent les jeunes femmes
qui dansaient en faisant le ménage ?
Que deviennent leurs espoirs ?
Que deviennent leurs ventres nus ?
Elle tourne sur elle-même. Ses genoux s'échauffent
plus vite que sa poitrine ne s'essouffle.
Elle tourne pour défier ce qui s'accroche,
ce qui nous nargue, ce qui tombe du ciel,
ce qui mouille nos chemisettes et nous fait
chanter faux.

D'habitude, il n'est pas là lorsqu'elle tourne
sur elle-même.
À cause du confinement, depuis le confinement,
il est là.

Wrack, das vor den gepolsterten Wänden
am Ende des Rennens kapituliert, längst
abserviert, Dead end, Drehung zu viel, Wech-
seljahre, deine Zeit ist vorbei, Ende Gelände.

Rotes Kleid, ein Haufen Fragen
So viele Fragen.
Was wurde aus den jungen Frauen,
die beim Putzen tanzten?
Was aus ihren Hoffnungen?
Was aus ihren bloßen Bäuchen?
Sie dreht sich um sich selbst. Die Knie in Fahrt,
bevor der Atem ausgeht.
Sie dreht sich, dreht sich gegen alles, was uns fest-
hält, uns verspottet, was vom Himmel fällt, unsere
Shirts durchnässt und uns falsch singen lässt.

Sonst ist er nie da, wenn sie sich um
ihre Achse dreht.
Aber wegen des Lockdowns, seit dem Lockdown
ist er da.

Distance sociale rejoint distance du couple.
Il est là mais il ne la regarde pas.
Allumer le four.
Il ne la regarde pas.
Attendre que le four soit brûlant.
Il ne la regarde pas.
Poser ses paumes dans le four.
Hurler.
Robe rouge au sol.
Bruit de pas précipités.

Forcing de la tendresse.

L'obliger à appeler les secours, à la sauver.
L'obliger à changer ses pansements, à la border.
L'obliger à nettoyer sa poitrine flasque.
L'obliger à nettoyer l'intérieur de ses cuisses flasques.

Caresses aux forceps.

Soziale Distanz trifft Paardistanz.
Er ist da, schaut sie nicht an.
Den Ofen andrehn.
Er schaut sie nicht an.
Warten, bis der Ofen glüht.
Er schaut sie nicht an.
Die Handflächen in den Ofen legen.
Brüllen.
Rotes Kleid am Boden.
Geräusch hastender Schritte.

Erzwungene Zärtlichkeit.

Ihn zwingen, den Notarzt zu rufen, sie zu retten.
Ihn zwingen, ihre Verbände zu wechseln, sie zuzudecken.
Ihn zwingen, ihre schlaffe Brust zu waschen.
Ihn zwingen, die Innenseite ihrer schlaffen Schenkel zu waschen.

Streicheleinheiten mit Brechstange.

L'obliger à la déshabiller avec mille précautions.
Lui parler, veiller à ce qu'elle ne manque de rien.
Veiller à ce que ses blessures cicatrisent bien.
L'obliger à revenir à son chevet.
L'obliger à être là.
Être là.

Et oublier l'Autre.

Ihn zwingen, sie sehr vorsichtig auszuziehn.
Mit ihr zu reden, darauf zu achten,
    dass ihr nichts fehlt.
Darauf zu achten, dass die Narben gut verheilen.
Ihn zwingen, an ihrem Bett zu verweilen.
Ihn zwingen, da zu sein.
Da zu sein.

Und die Andere zu vergessen.

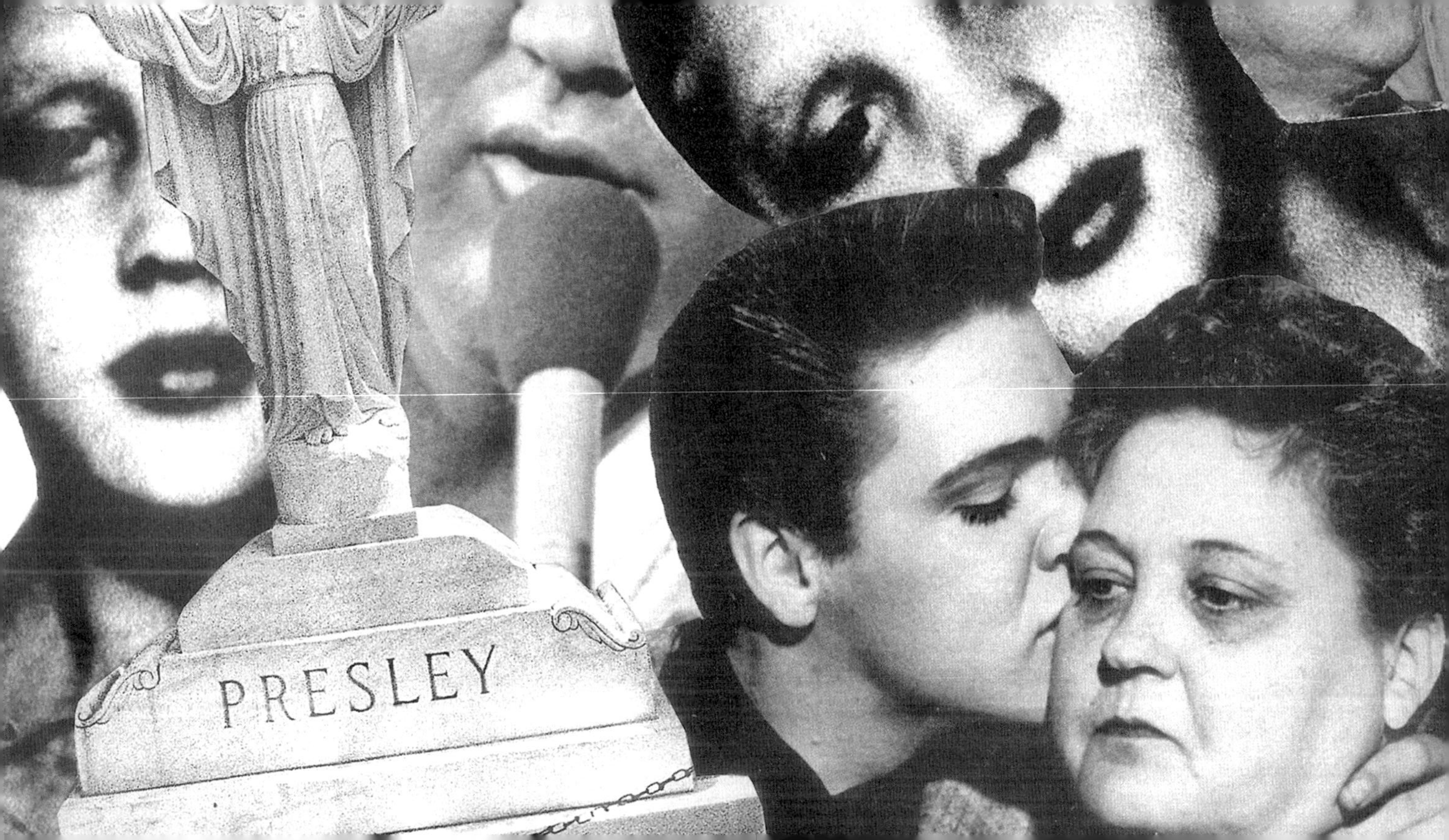
PRESLEY

À plat ventre

Je ne te parle pas de ces coups de badine-là.
Je te parle de sa technique, à lui.
Je te parle de maîtres, de cuir, d'orchidées,
de perles de sang, de logique délogée,
de chocs délicieux et de tapettes cloutées.
Je te parle de contraintes, d'impossible fuite,
de fesses qui se cambrent, de morsures d'orties,
de clitos géants qui débordent des cadres.
Je te parle d'abandon, de confiance absolue,
de cavernes rock'n'roll sous les monts de Vénus,
d'entailles et d'entraves et d'entrailles bénies.
Je te parle de bâillon qui m'empêche de parler,
de grognements nus qui remplacent les mots
et les mots qui ricochent d'une glotte à un gland,
comme deux cœurs se griment à l'encre du néant,
comme deux rimes s'affrontent à la poussière
d'aimant.

AUF DEM BAUCH

Ich meine nicht diese Art von Peitschenhieben.
Ich meine seine ganz eigene Art.
Ich meine Bottom, Leder, Orchideen
Perlen aus Blut und verbannter Verstand
köstliche Stöße und Lederklatschen mit Nieten.
Ich meine Begrenzung, und Flucht verbieten
sich biegender Hintern, Brennesselstiche
riesige, überbordende Klits.
Ich meine Hingabe, totales Vertrauen
Rock'n' Roll-Höhlen unterm Venushügel
Schnitte und Fesseln und gesegnete Tiefen.
Ich meine den Knebel, der mich am Sprechen
hindert
das nackte Knurren, das Worte ersetzt
und Worte, die vom Zungenschlag zu einer Eichel
springen
zwei Herzen, die sich schminken mit der Tinte
des Nichts
zwei Reime, die mit einem Magnetfeld ringen.

Tu imagines un face-à-face entre ton personnage et un animal fantastique qui surgirait des profondeurs marines. Tu plantes le décor. Eau sombre, morceau de banquise. Tu tournes autour de la bête. Aileron gigantesque, miroitement de la peau qui rappelle ce que le Black est au Noir et le Noir est au Nègre. Tu zoomes sur la jeune femme. Son regard, la peur dans son regard. Arrêt sur image, temps mort, instant suspendu avant de la culbuter dans la neige et d'écarter ses cuisses. Grelottement. Craquements de glace. Tu observes, à travers sa culotte fendue, tu observes la vulve presque imberbe et les plis rosâtres de l'anus.

Rien ne presse.

Tu dois accepter ces films muets comme vestibule de l'écriture. Si tu reviens trop vite au papier, trop vite à la rime, à la ligne, à la note, à la norme, tu perdras tout.

MANGAKA SUCHT DICHTERIN

Du stellst dir eine Begegnung vor zwischen
deiner Figur und einem fantastischen Tier,
das auftaucht aus Meerestiefen. Skizzierst die
Szenerie. Dunkles Wasser, Packeis. Umkreist
das Tier. Riesige Flosse, schimmernder Spiegel
der Haut erinnert daran, wie *Black* zu *Noir*
steht und *Noir* zu *Nègre*. Zoomst auf die junge
Frau. Ihr Blick, die Angst in ihrem Blick.
Standbild, Auszeit, Augenblick in der Schwebe,
dann stößt du sie um in den Schnee und
spreizt ihre Schenkel. Erschaudern. Krachendes
Eis. Du schaust durch ihr gerissenes Höschen
hindurch auf ihre fast haarlose Vulva und die
rosigen Falten ihres Anus.

Keine Eile.

Akzeptier einfach diese Stummfilme als Vestibül
für dein Schreiben. Kehrst du zu schnell zurück
zum Papier, zu schnell zurück zum Reim, zur
Zeile, zur Notiz, zur Norm, ist alles verloren.

Rien ne presse.

Tu multiplies les angles de vue, tu progresses par essais et erreurs. Travelling avant, travelling arrière. Tu déroules l'interminable langue de l'épaulard vers le sexe de la jeune femme. Tu accélères, tu ralentis, mouvements de la langue, dedans, dehors, bouche de la jeune femme, cul de la jeune femme, tu rembobines, tu fais rejouer et rejouer la scène, cul, langue, bouche, tu te repasses le scénario en boucle.

Rien ne presse.

Te distancier du descriptif, du narratif. Oublier la langue et le sexe. Ne conserver que les émotions nées du clapotis de la rencontre, les sensations, le râpeux, le trouble. Garder l'eau, le motif, l'idée de l'eau. Garder le sens figuré, l'évocation, l'allégorie. Garder le déluge, la déglingue, la corrosion des idéaux et le naufrage de l'innocence.

Keine Eile.

Du nimmst weitere Blickwinkel ein, gehst vor nach Trial-and-Error. Schwenk nach vorne, Schwenk nach hinten. Entrollst die endlose Zunge des Orcas hin zum Geschlecht der Frau. Beschleunigst, verlangsamst, Zungenbewegungen, innen, außen, Mund der jungen Frau, Arsch der jungen Frau, du spulst zurück, spielst die Szene immer wieder ab, Arsch, Zunge, Mund, wiederholst das Szenario in Endlosschleife.

Keine Eile.

Auf Abstand gehen von der Beschreibung, der Erzählung. Zunge und Geschlecht vergessen. Nur die Gefühle erhalten vom Wellenschlag der Begegnung, die Empfindungen, das Raue, Verwirrende. Das Wasser behalten, das Motiv, die Wasser-Idee. Am übertragenen Sinn festhalten, der Andeutung, Allegorie. Die Sintflut

Tendre l'oreille en poétesse.
Glaner les premiers mots.
Garder les premiers mots.

La fillette mordit l'ombre de son père
qui déjeunait dans le silence
des mille et un viols
de sa candeur
arctique.

beibehalten, das Kaputte, die Korrosion der Ideale und das Kentern der Unschuld.

Als Dichterin lauschen.
Die ersten Wörter aufklauben.
Die ersten Wörter erlauben.

Das Mädchen schlug ihre Zähne in den Schatten
des Vaters
und er verspeiste in der Stille der tausend
und einer Vergewaltigungen
ihre arktische
Unschuld.

Black in der französischen Umgangssprache wird ungefähr wie Schwarz im Deutschen verwendet, ist gleichwohl wie Noir umstritten. Unumstritten rassistisch ist die Bezeichnung Nègre (sehr vereinfachte Darstellung, A.d.Ü.).

va-nu-pieds

Oublie ceux qui te reluquent comme on reluque
une folle.
Oublie ceux qui ne comprennent pas ta danse.
Ceux qui aiment la musique des Gitans
mais qui ne souffrent pas l'odeur des gens.
Oublie ceux qui menacent ton tapis
de leurs chaussures crasseuses.
Oublie le ciel, oublie les cieux.
Il n'y a rien pour toi là-haut.
Rien pour le repos.
Rien contre l'hémorragie du monde.

Sens l'arête de l'astragale que comprime encore
le souvenir du cuir.
Sens le pied, la plante de pied,
chaque orteil,
chaque caresse de la langue entre chaque orteil.
Et ce Dieu qui ne t'arrive pas à la cheville.

HABENICHTSE

Vergiss die, die nach dir schielen, wie man nach
einer Verrückten schielt.
Vergiss die vielen, die deinen Tanz nicht verstehen.
Die Gitano-Musik auflegen, sich aber über den
Geruch der Leute aufregen.
Vergiss die, die deinen Teppich besudeln mit
schmutzigen Schuhen.
Vergiss den Himmel, vergiss das Himmelzelt.
Dort oben gibt es nichts für dich.
Nichts, um dich auszuruhen.
Nichts gegen die verblutende Welt.

Spür, wie an der Kante des Sprungbeins die
Erinnerung an das Leder drückt.
Spür deinen Fuß, die Fußsohle
jede einzelne Zehe
und wie die Zunge um die Zehen streicht.
Und dieser Gott, der dir nicht mal bis zum
Knöchel reicht.

Chaque fois qu'une giclée de sperme dégouline sur
la joue d'un môme.
Chaque fois qu'un ouragan arrache le toit
d'une baraque pour le planter dans la poitrine
d'une femme.
Chaque fois que des plus jeunes que toi s'effondrent.
Pour chaque fois que.
Pour chaque.
Chaque jeté par-dessus bord.
Chaque lancé dans les orties.
Chaque rangé dans le placard.
Dieu ne t'arrive pas à la cheville.

Jedes Mal, wenn ein Schwall Sperma eine
Kinderwange runterrinnt.
Jedes Mal, wenn ein Wirbelwind das Dach
einer Hütte abreißt und sich in die Brust
einer Frau bohrt.
Jedes Mal, wenn Jüngere als du schon
durchgeschmort sind.
Jedes Mal, wenn.
Wenn.
Wenn jemand über Bord geworfen wird
wenn jemand sich in Nesseln wiederfindet
wenn jemand in einem Schrank verschwindet
reicht Gott dir nicht mal bis zum Knöchel.

BRÛLER

En retard, en retard,
En retard, tu es en retard.

Tu pédales, tu cavales.
Tes perles brinquebalent sur tes secrets.
Tu pédales, tu cavales.
Culotte trempée, lèvres gonflées.
Tu pédales, tu cavales.
Brûler, brûler, brûler, brûler.
Tu pédales, tu cavales.
Brûler la liste du padre.
Des interdits multipliés
distribués à la volée
comme des claques qui carillonnent
au chevet de tes égarements.
Interdit de te maquiller.
De rire à gorge déployée.
Interdit de te décolleter
de raccourcir tes ourlets.
Interdit de déambuler.
Flâner toute seule dans le quartier.

Brennen

Zu spät, zu spät
zu spät, du kommst zu spät.

Du pedalierst, du galoppierst.
Deine Perlen schwingen über deinen Geheimnissen.
Du pedalierst, du galoppierst.
Der Slip feucht, die Lippen wie elektrisiert.
Du pedalierst, du galoppierst.
Brennen, brennen, brennen, verbrennen.
Du pedalierst, du galoppierst.
Die Liste des Pfarrers verbrennen.
Mit ihren endlosen Verboten
die er dir um die Ohren haut
wie Glocken so laut
am Kopfende deiner Verfehlungen.
Dich schminken verboten.
Zoten verboten.
Tiefer Ausschnitt verboten
oder zu lockerer Knoten.
Schlendern verboten.
Allein durchs Viertel flanieren verboten.

Interdit de noctambuler.
Interdit de boire, de chavirer !
Interdit de danser, vibrer !
Interdit de salir ta robe.
L'honneur, le nom et la lignée.

Interdit, interdit, interdit !
Mais toi, là, maintenant,
arc-boutée sur ton vélo,
le cœur tendu, amoureuse,
tu n'en as que faire de tous ces interdits !
Tu pédales, tu cavales.
Brûler la liste du padre.
Tu pédales, tu cavales.

Nachts vagabundieren verboten.
Trinken verboten, und schwanken!
Tanzen verboten, und Überschwang tanken!
Dein Kleid besudeln verboten!
Der Anstand, der Name, die Ahnen.

Verboten, verboten, verboten!
Aber du jetzt, hier, auf deinem Rad
strampelst, als ginge es um dein Leben
verliebt, das Herz ein einziges Beben
die Verbote sind dir sowas von egal!
Du pedalierst, du galoppierst.
Die Liste des Pfarrers verbrennen.
Du pedalierst, du galoppierst.

Tes perles brinquebalent sur tes secrets.
Tu pédales, tu cavales.
Culotte trempée, lèvres gonflées.
Interdit d'interdire d'aimer,
de désirer, de fantasmer,
de s'attacher, de s'enticher,
de se sentir surexister,
toucher, goûter, se délecter,
te caresser, culotte trempée,
te caresser, lèvres gonflées,
Danser, danser, vibrer, vibrer,
Brûler, brûler, brûler...

Deine Perlen schwingen über deinen Geheimnissen.
Du pedalierst, du galoppierst.
Der Slip feucht, die Lippen wie elektrisiert.
Lieben verbieten verboten
und begehren, fantasieren
sich verbinden, sich verknallen
sich übermütig fühlen
anfassen, probieren, dir verfallen
dich streicheln, und der Slip feucht
dich streicheln, die Lippen wie elektrisiert
Tanzen, tanzen, tanzen, Überschwang tanken
Brennen, brennen, brennen ...

UN CŒUR LIBRE

Je suis une Bettie Page postcoloniale.
Une Vénus nègre aux lignes extravagantes
ayant fait exploser
sa ceinture de bananes
à la face de ses anciens maîtres.

L'œil fauve,
je culbute tes réflexes de missionnaire blanc
et je trempe ma poitrine garçonne
dans la salive de tes préliminaires.
Sous ce téton pointu,
c'est un cœur libre que tu mordilles.

FREIES HERZ

Ich bin eine postkoloniale Betty Page.
Eine Schwarze Venus mit extravaganten Linien
die ihren Bananengürtel
gezündet hat
vor ihren früheren Herren.

Unter meinen Raubtieraugen
zerschellen deine Reflexe eines weißen
Missionars
ich tunke meine Garçonne-Brust
in die Spucke deines Vorspiels.
Unter dieser Brustspitze
an der du knabberst, schlägt ein freies Herz.

Quarante ans !
Quarante ans pour apprendre à reconnaître
les signes.
Être attentive.
Ça commence !
Être attentive à comment ça commence.
Levée aux aurores.
Picotements dans les jambes.
Envie de faire une série d'abdominaux.
Envie d'enchaîner cette série d'abdominaux
avec une série de pompes et cette série de
pompes avec une série d'étirements.
Absence de brume, absence de fatigue.
Vitalité inhabituelle.
Reliquats de jeunesse.
Sortir. Sortir.
Marcher.
Être attentive.
Le ténu, le terne qui s'animent.
Scintillements. Griserie.
Comme sous ecstasy.

PHILOSOPHISCHE TROTTOIRS

Vierzig Jahre!
Vierzig Jahre, um zu lernen wie man Zeichen liest.
Genau hinsehen.
Es geht los!
Genau hinsehen, um das Losgehen zu verstehen.
Mit dem Morgenlicht aufstehen.
Prickeln in den Beinen.
Lust auf eine Reihe Sit-ups.
Und nach der Reihe Sit-ups
        eine Reihe Push-ups, und nach
        der Reihe Push-ups Stretching.
Kein bisschen benebelt, kein bisschen müde.
Ungewohnter Tatendrang.
Überreste von Jugendüberschwang.
Rausgehen. Rangehen.
Gehen.
Genau hinsehen.
Das Belanglose, Glanzlose erwacht.
Glitzern. Rausch.
Wie unter Extasy.

La première, la toute première ecstasy.
Couleurs qui se complexifient.
Gris béton. Gris bitume. Gris biceps bandé
sous le T-shirt de l'éboueur.
Œil grossissant.
Tout à la loupe.
Reliefs. Saillies.
Grain de beauté.
Beauté de la clavicule.
Clavicule qui n'est que clavicule sans le grain
de beauté.
Tout me parle !
Une croix en albâtre.
Une classe vide.
Des confettis.
Une bassine.
Une plume de pie.
Un bourgeon. Un boulon.
Un sac poubelle.
Le bouquet de roses, chaque rose, chaque épine de
rose qui éventre le sac poubelle.

Das erste, das allererste Extasy.
Die Farben entfacht.
Betongrau. Asphaltgrau. Bizepsgrau
spannt unter dem T-Shirt des Müllmanns.
Augen weit offen.
Alles wie unter der Lupe.
Reliefs. Ritzen.
Schönheitsflecken.
Schönheit des Schlüsselbeins.
Schlüsselbein, das einfach nur Schlüsselbein wäre
ohne den Schönheitsfleck.
Alles spricht mich an!
Ein Alabasterkreuz.
Ein leerer Klassenraum.
Ein Schnipsel Papier.
Eine Schüssel.
Ein Elsternflaum.
Eine Knospe. Ein Scharnier.
Eine Tüte Müll.
Der Rosenstrauß, jede einzelne Rose, jeder
einzelne Dorn, der die Mülltüte zerreißt.

Mousse entre les jointures.
Blancheur, dents, alignement des dents et
    alignement de la blancheur
    sur les affiches électorales.
Tout m'alpague !
Bribes de conversations.
Elle dit : On n'est pas dans un rêve !
Elle dit : Les corps vieillissent !
Elle dit : Tu attends quoi pour vivre ?
Tout s'imprime !
Tout se tatoue sous ma poitrine !
Il me suffit de marcher.
Marcher. Être assaillie.
De lumières. Être assaillie.
De questions. Être assaillie.
Marcher.
Me laisser toucher.
Me laisser caresser.
Torse du monde sur ma joue.
Fraîcheur du poteau, de la pierre, du capot de
    la voiture.
Souffle dans la nuque de skateuses
    à casquettes à carreaux.
Cueillir.
Accueillir.

Schaum in den Fugen.
Weißsein, Zähne, Zahnreihen und
    aneinandergereihtes Weißsein
    auf Wahlplakaten.
Alles greift nach mir!
Fetzen von Unterhaltungen.
Sie sagt: Wir sind doch nicht in einem Traum!
Sie sagt: Die Körper altern!
Sie sagt: Auf was wartest du zum Leben?
Alles prägt sich ein!
Alles wird Tattoo auf meiner Brust!
Ich muss nur gehen.
Gehen. Lass mich einnehmen.
Von Lichtern. Lass mich einnehmen.
Von Fragen. Lass mich einnehmen.
Gehen.
Lass mich berühren.
Lass mich anrühren.
Welt-Torso an meiner Wange.
Kühle der Motorhaube, des Pfostens,
    des Steins.
Im Nacken der Atem der Skaterinnen
    unter Caps mit Karodesign.
Einfangen.
Empfangen.

Détacher le fruit de l'arbre.
Détacher l'écorce.
Avaler l'arbre.
Vite.
Rentrer.
Vite, écrire ce qu'il en restera.

Das Obst vom Baum brechen.
Die Rinde aufbrechen.
Den Baum mir einverleiben.
Schnell.
Nach Hause.
Schnell, aufschreiben, was davon bleibt.

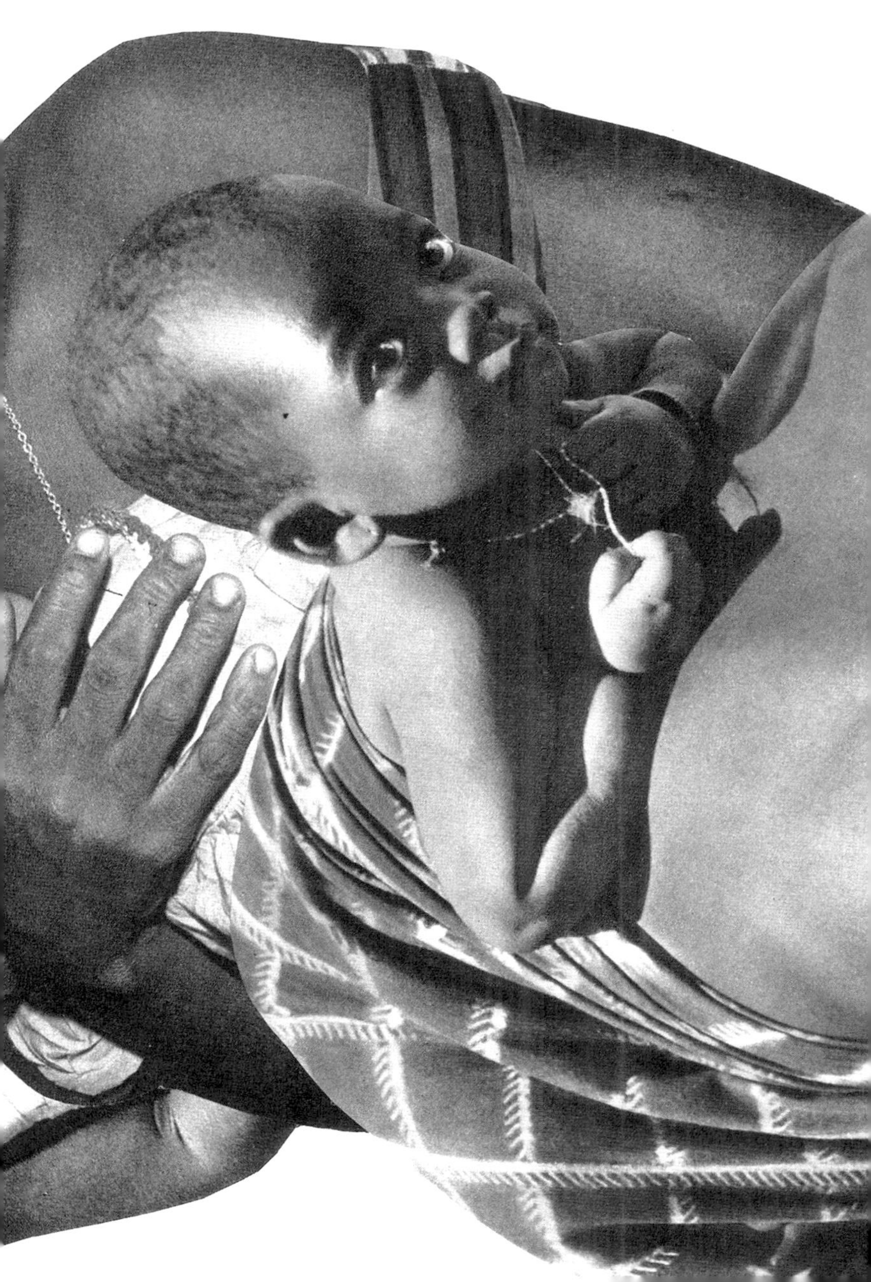

COLLAGES

Le collage, c'est pour les jours où je peux entendre,
dans les transports en commun :
« Dans quel monde on vit, Madame ! »

Ces jours-là,
jours de énième scandale pédophile,
énième bavure policière,
énième féminicide,
énième incident mortel dans une usine,
ces jours-là,
lendemains d'élections, d'attentat, de cataclysme,
ces jours-là,
une lave noire et visqueuse déboule dans ma gorge
et carbonise toutes mes belles petites phrases
humanistes qui me sauvent tous les jours sauf
ces jours-là.

Jours de paires de ciseaux, d'images en noir et blanc,
de précision et de silence.

COLLAGEN

Collagen sind für Tage, an denen ich
in der Metro hören kann, oder der Tram:
»Also wirklich, in welcher Welt wir leben!«

An solchen Tagen
Tagen des x-ten Pädophilie-Skandals
des x-ten Fehlgriffs der Polizei
des x-ten Femizids
des x-ten Todesfalls in einer Fabrik
an solchen Tagen
den Folgetagen nach Wahlen, Naturkatastrophen,
Attentaten
an solchen Tagen
steigt eine schwarze zähe Lava in meiner Kehle
auf und verkohlt meine schönen kleinen
humanistischen Phrasen, die mich jeden Tag
retten, außer an solchen Tagen.

Scherentage, Schwarzweißbildtage,
Tage der Genauigkeit und Stille.

Une main qui tient une paire de ciseaux
ne peut rien faire d'autre que tenir une paire de ciseaux.

Soit tu découpes des corps dans le papier glacé,
soit tu t'enfonces la pointe de tes ciseaux dans l'œil.

Ces jours-là.

Mawda Shawri.
Tuée dans la nuit du 17 au 18 mai 2018.
Née le 14 avril 2016.

Eine Hand, die eine Schere hält
hält einfach eine Schere in der Hand.

Sei es, du schneidest Körper aus Glanzpapier aus
sei es, du rammst dir die Schere ins Auge.

An solchen Tagen.

Mawada Shawri.
Ermordet in der Nacht vom 17. auf den 18. Mai 2018.
Geboren am 14. April 2016.

ET S'IL N'EN RESTAIT QU'UN ?

Elle nous demanda de former un cercle autour d'elle.

Les moins alertes d'entre nous purent s'appuyer sur quelques avant-bras pop-up.

Il y avait de la délicatesse dans l'air.

Elle nous demanda d'écouter comment la terre respirait calmement, comment elle n'était pas dérangée par nos présences et par nos peurs.

Nous pouvions peser sur les herbes de tout notre poids, gonfler nos ventres, nous sentir pleines.

Elle nous demanda de murmurer à notre voisine de gauche puis à notre voisine de droite à quel point nous nous sentions entourées par de délicieuses personnes.

Ces huit mots reçus et ces huit mots offerts suffirent à nous métamorphoser en lianes sœurs.

UND WENN NUR EIN EINZIGER ÜBRIGBLIEBE?

Sie bat uns, einen Kreis um sie herum zu bilden.

Die weniger Geschickten unter uns konnten sich
auf Pop-up-Vorderarme stützen.

Empathie lag in der Luft.

Sie bat uns, dem ruhigen Atem der Erde zu
lauschen, zu hören, wie sie sich nicht stören
lässt durch uns und unsere Ängste.

Wir durften uns mit unserem ganzen Gewicht
aufs Gras legen, tief in den Bauch atmen,
uns angefüllt fühlen.

Sie bat uns, erst unserer linken, dann unserer
rechten Nachbarin zuzumurmeln, wie
sehr wir uns von wunderbaren Menschen
umgeben fühlten.

Diese sieben empfangenen und sieben
überreichten Worte verwandelten uns zu
Schwesterlianen.

L'entrelac de nos tenues blanches formaient, vu des arbres, une couronne harmonieuse.

Elle nous demanda de convoquer, chacune, un oiseau.

Pas le premier oiseau qui nous passerait par la tête, pas le familier, pas celui du fond du jardin. Pas l'hitchcockien, pas la chiure sous le pont ou sur le pan de veste, non plus.

Nous pouvions voyager, brasser large, battre le rappel par-delà les mers.

Approcher le sublime et le laisser se poser sur notre épaule allait exiger de nous une certaine patience...

Elle nous demanda d'observer la Babel ailée qui grandissait au cœur de notre assemblée.

Grue royale, Loriquet à tête bleue, Quetzal, Tangara rouge, Toucan à carène, Colibri, Canard mandarin, Tragopan de Hastings, Trogon à nuque rouge, Ara hyacinthe,

Das Flechtwerk unserer weißen Kleidung bildete von den Bäumen aus gesehen eine harmonische Krone.

Sie bat uns, jede einen Vogel herbeizurufen.

Nicht den erstbesten, der uns einfiele, nicht den vertrauten, nicht den dort hinten im Garten. Nicht den à la Hitchcock, und auch nicht den Schiss auf der Brücke, auf der Jacke.

Wir sollten reisen, in die Vollen greifen, auch auf jenseits der Meere zurückgreifen.

Es würde Geduld verlangen, dem Erhabenen nahezukommen, bis es auf unserer Schulter landet ...

Sie bat uns, das geflügelte Babel wahrzunehmen, das im Herzen unserer Versammlung wuchs.

Kronenkranich, Allfarblori, Quetzal, Seidenflankentangare, Fischertukan, Kolibri, Mandarinente, Schwarzkopfragopan, Rotnackentrogan, Hyazinthen-Ara, Goldfasan, Malabarhorn-

Faisan doré, Calao de Malabar, Cotinga de Cayenne, Huppe fasciée, Diamant de Gould, Motmot à sourcils bleus.

Avions-nous déjà assisté à pareil ébrouement ?

Avions-nous jamais été effleurées de la sorte, plumes grasses sur nos lèvres ?

Elle nous demanda de ne pas confondre émerveillement et hébétude.

De, doucement, nous détacher de l'élégant ensemble et de, doucement, commencer à imaginer le pire pour chaque vie.

Qu'adviendrait-il si, tout à coup, les individus les plus robustes se jetaient sur les plus chétifs et se mettaient à les déchiqueter ? Et qu'adviendrait-il, ensuite, si les plus résolus des rescapés s'attaquaient aux moins opiniâtres ? Et si, de victime en victime, l'ultime tête brûlée devait défier le dernier trompe-la-mort ?

vogel, türkisblaue Kotinga, Wiedehopf, Gouldamadine, Türkisbrauen-Motmot.

Hatten wir schon mal ein solches Flügelschlagen erlebt?

Waren wir schon so berührt worden von fetten Federn an unsere Lippen?

Sie bat uns, Entzücken nicht zu verwechseln mit Erschütterung.

Uns – langsam – vom eleganten Ganzen zu lösen und uns – langsam – das Schlimmste vorzustellen für jedes Leben.

Was, wenn die stärkeren Individuen sich plötzlich auf die Schwächeren stürzten und sie in Stücke rissen? Und was, wenn dann die am meisten Entschlossenen unter den Überlebenden die weniger Entschiedenen angreifen würden? Was wenn, Opfer gegen Opfer, der letzte Hitzkopf den letzten Dem-Tod-von-der-Schippe-Gesprungenen herausforderte?

Qui survivrait à pareil carnage ?

Qui ?

Elle nous demanda de, chacune, réfléchir un moment, sans nous laisser influencer par le souffle de notre voisine de gauche ou le souffle de notre voisine de droite, puis de, chacune, nommer l'oiseau que nous aurions sauvé de cette inqualifiable lutte.

Et, chacune d'entre nous, tour à tour, nomma l'oiseau que chacune d'entre nous, tour à tour, avait convoqué, un peu plus tôt, par-delà les mers.

Wer würde ein solches Massaker überleben?

Wer?

Sie bat uns, einen Moment nachzudenken, ohne uns vom Atem unserer linken oder vom Atem unserer rechten Nachbarin beeinflussen zu lassen, und dann den Vogel zu nennen, den wir aus diesem unsäglichen Kampf retten würden.

Und jede von uns, eine nach der anderen, nannte den Vogel, den jede von uns, eine nach der anderen, gerade herbeigerufen hatte, von jenseits der Meere.

ça pue

Parfois, à la fin de certaines journées, une forme de lassitude, terrible, nous submerge.
Parfois, c'est dès le matin que la bête nous attaque.
C'est comme une énorme vague qui s'abat sur nos tronches, une énorme vague chargée de toutes les crasses du vieux monde,
une déferlante,
une déferlante charriant toute la pourriture raciste des journaux et des réseaux sociaux,
une déferlante, marée coupante, nausée plombante,
une agression plus une agression plus une agression plus une agression plus une agression...

ES STINKT

An manchen Tagen, abends, überkommt uns eine schreckliche Erschöpfung.
An manchen Tagen greift das Tier uns schon am Morgen an.
Wie eine Riesenwelle, die uns überrollt, voll mit dem Dreck der alten Welt
eine Brandungswelle
eine Brandungswelle, die den rassistischen Müll der Zeitungen und sozialen Medien heranspült
eine Brandungswelle, aufgewühlte Flut, bleierne Übelkeit, ein Übergriff und noch ein Übergriff und noch einer und noch einer und noch einer ...

Ces jours-là, on se dit que nos réunions
et nos mobilisations ne servent à rien,
on se dit que personne ne peut terrasser le désert,
on se dit que personne ne peut venir à bout
des dragons à crêtes blanches.
On sait pourtant.
On sait que ce n'est pas pour nous les fruits
de la lutte,
on sait que ce n'est pas pour demain,
on le sait et on lutte et on lutte.
On le sait mais ces jours-là, jour de brèche,
jour de gerbe, jour de giclée apocalyptique,
on se dit que, peut-être, même nos enfants
n'en verront pas la fin
de cet interminable tunnel.
Ces jours-là, y a pas à dire, ça craint vraiment !

An solchen Tagen denkt man, dass unsere
Versammlungen und Aufrufe nichts wiegen
man denkt, niemand kann die Wüste urbar
machen
denkt, niemand kann die Drachen mit dem
weißen Rückenkamm besiegen.
Dabei weiß man.
Weiß man, die Früchte des Kampfes sind
nicht für uns
weiß man, morgen wird nicht alles anders sein
weiß man es, und kämpft und kämpft.
Weiß man es, aber an solchen Tagen, den
Ungewissheits-Tagen, den Zum-Kotzen-Tagen,
den Apokalyptischen-Sturzbach-Tagen
hört man sich sagen, vielleicht werden selbst
unsere Kinder
das Ende dieses unendlich langen Tunnels
nicht erleben.
Solche Tage, ohne Frage, sind der Hammer!

Ça pue la régression à dix mille kilomètres
à la ronde, ça pue les types qui jouent des
coudes et de la crotte, ça pue le rance,
prisonnier dans les replis, ça pue,
ça pue l'à rebours féroce, ça pue les nanas
comme nous, les nanas qu'on sort comme
des tapisseries du dimanche pour colorer les
assemblées, colorer les livres, colorer les rangs
et se dédouaner de tout le reste et de tous
les autres, ça pue la menace de tout, menace,
menace de remplacement, de fin, fin de race,
fin de vie, fin du temps béni des colonies,
fin de fermer sa gueule, ça pue, ça pue jusque
sous le sel de la mer,
ça pue le dératiseur pour hommes,
toi Homme noir, toi Homme rom,
toi Homme arabe,

Es stinkt schon von weitem nach Rückschritt, es
stinkt nach diesen Typen ohne Rücksicht oder
Durchsicht, aus allen Winkeln strömt ranziger
Gestank
es stinkt nach rasend schnellem Rückwärtsgang,
es stinkt nach Frauen wie uns, hervorgeholt
als Sonntagswandbehang, als bunter Schmuck
für die Versammlungen, die Bücher bunt, die
Ränge bunt, und alles und alle anderen darf
man vergessen, es stinkt nach Alles-ist-Bedro-
hung, nach der Angst, dass man ersetzt wird,
Angst vor dem Ende, dem Ende von »Rasse«,
Ende des Lebens, Ende der ach so schönen
Zeit der Kolonien, Ende von »Maul halten«,
es stinkt, es stinkt bis unters Salz der Meere
es stinkt nach Kammerjäger, dem
Menschen-Kammerjäger, der dich jagt,
Schwarzer Mensch, dich Rom-Mensch,
dich Arabischer Mensch

*ça pue, caves humides, cerveaux vides, multiplication
des frontières et des décrets et des arrêtés
royaux, ça pue les troupeaux morts, ça pue
les fronts bas, ça pue les sauterelles, ça pue les
ténèbres, les pantoufles, monnaies de singes et
comptes d'apothicaires, ça pue !
Alors on relit nos anciens textes, on relit nos anciens
poèmes, on relit, on relit, on les relit, pour ne
pas se décomposer, pour ne pas capituler, pour
tenir, tenir debout, tenir fierté, tenir justice, tenir.
On relit nos anciens textes, on relit nos anciens
poèmes, nos premiers, nos naïfs, nos sans
artifices, textes des débuts, textes des aurores
car eux seuls peuvent nous crier que nous ne
sommes pas zinzin, pas ouin ouin, que nous ne
sommes pas paranos, pas hystériques, que nous
ne sommes pas folles.*

Tenir.

es stinkt nach feuchten Kellern, leeren Hirnen,
nach noch mehr Grenzen und Dekreten,
nach königlichen Erlassen, es stinkt nach
massenhaft Karkassen, es stinkt nach
gesenkten Häuptern, nach Heuschrecken, es
stinkt nach Finsternis, Pantoffeln, nach hohlen
Worten und Kleinkrämerseelen, es stinkt uns!
Also lesen wir unsere alten Texte wieder, lesen unsere
alten Gedichte, lesen sie wieder und wieder, um
nicht zu zerfallen, nicht aufzugeben, um durchzuhalten, uns aufrecht zu halten, unseren Stolz
zu behalten, Recht zu behalten, durchzuhalten.
Wir lesen unsere alten Texte wieder, wir lesen
unsere alten Gedichte wieder, unsere ersten,
naiven Texte ohne künstlerischen Anspruch,
unsere Texte vom Anfang, Morgenrot-Texte,
denn nur sie rufen uns zu, dass wir nicht
crazy sind und nicht plemplem, nicht
paranoid, hysterisch, nicht verrückt.

Durchhalten.

Le bon vieux temps

Je veux que les piétonnes se coltinent à nouveau des amendes pour avoir traversé en dehors des passages cloutés. Je veux que l'indiscipline ne porte plus jamais la marque d'un paquet de serviettes hygiéniques, sorti de force d'un cabas. Que les haies coupées au millimètre, que les nains de jardin et les pancartes « chien méchant » me redonnent de la conjonctivite quand je musarde, le dimanche matin, dans le bled de mes parents. Je veux des rues envahies par des millions de colères. Je veux que les coups de matraque pleuvent sur les enfants de la nation. Et que ce fauteuil Emmanuelle en rotin, abandonné dans l'abris de bus, me reparle, non d'apocalypse mais de pauvreté. Je veux des terrains de foot, des jeunes en sueur, des crachats, de vilains tacles et des cris de mauvais perdants. Je veux ta gorge, aussi. Interminable gorge.

GUTE ALTE ZEIT

Ich will, dass Passantinnen wieder Strafzettel bekommen, weil sie außerhalb des Zebrastreifens die Straße überqueren. Ich will, dass Ungehorsam nicht den Namen einer Bindenpackung trägt, die jemand aus dem Einkaufskorb reißt. Dass haargenau gestutzte Hecken, Gartenzwerge und »Vorsicht, bissiger Hund« mir wieder in den Augen wehtun, wenn ich herumstreune, sonntagmorgens, im Kaff meiner Eltern. Ich will in den Straßen die Flut von millionenfacher Wut. Ich will, dass wieder Knüppelschläge regnen auf die Kinder der Nation. Und dass der Rattansessel, der verlassen an der Haltestelle steht, nicht von Apokalypse kündet, sondern von Armut. Ich will Fußballfelder, schwitzende Jugendliche, Spucke, fieses Grätschen und die Schreie der schlechten Verlierer. Ich will deinen Hals. Deinen endlosen Hals.

Indécence d'hier.

Harnais, bave sur le harnais, quatre-vingts millions de bactéries sur le harnais, lécher le harnais, lécher ton index sur le harnais, lécher porte-jarretelles, sexe, cul, bave, lécher.

Unanständigkeit von gestern.

Lederharnisch, Sabbern auf Harnisch, 80 Millionen Bakterien auf Harnisch, den Harnisch ablecken, deinen Zeigefinger auf dem Harnisch lecken, Strapsen lecken, Geschlecht, Arsch, Spucke, lecken.

Während der Pandemie wurde in Frankreich eine Frau bestraft, weil sie während der Ausgangssperre Binden kaufen gegangen war.

contenu

INHALT

Diaty Diallo

»Zwei Sekunden brennende Luft«

Roman

Paris, eine Banlieue, Jugendliche. Ein Tag im Juli. Ein klassischer Sommerabend, bevor die Luft vernebelt wird, die Geräusche verschwimmen, Augen brennen und Tränen fließen. Ein wahres Chaos: Festnahmen, Polizeigewahrsam. Einer von ihnen, wird von der Polizei erschossen. Ein Tropfen, ein Ozean – zu viel.

»Poesie und Rap-Rhythmen für eine Geschichte, die pulsiert und die man nicht vergisst.«
Gérard Lefort, Inrockuptibles

»Diaty Diallo schreibt mit großer Musikalität und hat eine Begabung, Stimmungen, Gefühle und Orte einzufangen. Ein kraftvolles Buch, das große Explosionskraft besitzt.« *Anette König, SRF*

»Das Buch der Stunde: ein Stück Literatur, das beeindruckt mit der Rhythmik der knappen Sätze, souverän übersetzt von Nouria Behloul und Lena Müller.« *Nora Karches, DLF*

Deutsche Erstausgabe
ISBN 978-3-86241-501-4, 192 Seiten, Klappenbroschur
E-Book 978-3-86241-641-7

Dieses Buch erscheint mit Unterstützung der
Fédération Wallonie-Bruxelles.

Dieses Buch erscheint im Rahmen des Förderprogramms des französischen Außenministeriums, vertreten durch die Kulturabteilung der französischen Botschaft in Berlin.

INSTITUT
FRANÇAIS

Die Originalausgabe erschien 2020 unter dem Titel
»Brûler brûler brûler«

Deutsche Erstausgabe
1. Auflage, Berlin/Hamburg 2024

Aus dem Französischen von Odile Kennel

Gestaltung: Andreas Homann
Collagen: Lisette Lombé

Foto Titel: Amin Ben Driss
Foto Klappe: Gilles Fischer
Druck und Bindung: Friedrich Pustet GmbH & Co. KG, Regensburg

Assoziation A, Gneisenaustraße 2a, 10961 Berlin
berlin@assoziation-a.de, hamburg@assoziation-a.de
assoziation-a.de
ISBN 978-3-86241-505-2